curiosidad por

LOS ROBOTS MILITARES

POR LELA NARGI

AMICUS LEARNING

¿Qué te causa

curiosidad?

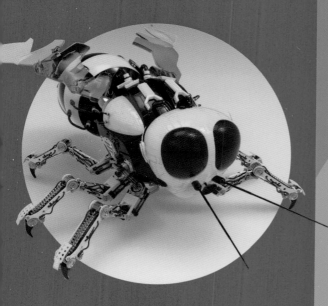

Curiosidad por es una publicación de Amicus
P.O. Box 227, Mankato, MN 56002
www.amicuspublishing.us

Editora: Rebecca Glaser
Diseñadora de la serie y libro: Kathleen Petelinsek
Investigación fotográfica: Omay Ayres

Library of Congress Cataloging-in-Publication Data
Names: Nargi, Lela, author.
Title: Curiosidad por los robots militares / by Lela Nargi.
Other titles: Curious about military robots. Spanish
Description: Mankato, MN : Amicus Learning, an imprint of Amicus, 2024. | Series: Curiosidad por la robótica | Original title: Curious about military robots. | Includes bibliographical references and index. | Audience: Ages 5-9 | Audience: Grades 2-3 | Summary: "Spanish questions and answers give kids an understanding about the technology of military robots, including how the military uses robots and what makes them unique. Includes infographics to support visual learning and back matter to support research skills, plus a glossary and index"– Provided by publisher.
Identifiers: LCCN 2023016575 (print) | LCCN 2023016576 (ebook) | ISBN 9781645497790 (library binding) | ISBN 9781645498414 (paperback) | ISBN 9781645497875 (pdf)
Subjects: LCSH: Military robots–Juvenile literature. | Armed Forces–Robots–Juvenile literature.
Classification: LCC UG450 .N37418 2024 (print) | LCC UG450 (ebook) | DDC 629.8/92–dc23/eng/20230518

Créditos de Imágenes: Alamy/WENN Rights Ltd, 12; AP Images/ SOPA Images, 7; Dreamstime/Nerthuz, cover, 1; Shutterstock/ Gorodenkoff, 2, 10, Josh McCann, 3, 14; MikeDotta, 2, 6; sdecoret, 16–17; shrimpgraphic, 10t; SugaBom86, 11; Stanford University/Biomimetics and Dexterous Manipulation Laboratory, 7; Teledyne Flir/Black Hornet® PRS, 7; U.S. Air Force/Airman 1st Class Collin Schmidt, 8, Airman 1st Class Shannon Moorehead, 11b; U.S. Army/General Dynamics Land Systems, 7, Historical, 19; U.S. Marines Corps/Lance Cpl. Julien Rodarte, 10b, 12–13, 20, Lance Cpl. Ryan Kennelly, 5, Lance Cpl. Yuritzy Gomez, 15, Lance Cpl. Jennifer E. Reyes, 18; U.S. Navy/John F. Williams, 7, Mass Communication Specialist 1st Class Brian A. Goyak, 9

Impreso en China

CAPÍTULO TRES

Robots militares del futuro
PÁGINA
14

¿Cómo se usan los robots en las fuerzas armadas?

Los hombres y mujeres de las fuerzas armadas tienen trabajos peligrosos. Los robots hacen que esos trabajos sean más seguros. Los robots combaten en batallas. Pueden encontrar personas heridas. Pueden quitar **minas** y combatir incendios. Los **drones** observan la acción desde arriba.

Un marine de EE. UU. aprende a usar un dron durante un ejercicio de entrenamiento.

¿Cómo son los robots militares?

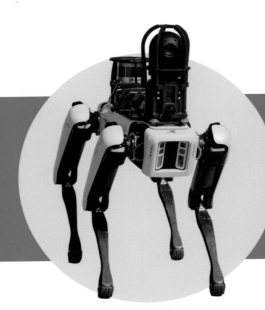

Un "perro" robot puede detectar peligros.

Todos son diferentes. Un robot es una mancuerna diminuta. Otros tienen forma de perros, humanos o insectos. Algunos son tanques o aviones completos. El GuardBot es redondo y rueda sobre el agua o la tierra. Algunos son ultra secretos. Los **civiles** no tienen ni idea de qué hacen o qué aspecto tienen.

PD100 BLACK HORNET
UN HELICÓPTERO DIMINUTO
USADO COMO ROBOT ESPÍA

STICKYBOT
¡ESTE ROBOT CON FORMA
DE INSECTO PUEDE
TREPAR POR UNA PARED!

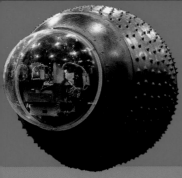

GuardBot
RUEDA POR LA ARENA
O INCLUSO POR EL
AGUA PARA ESPIAR,
VIGILAR O RESCATAR.

MUTT
MITAD TANQUE,
MITAD CAMIÓN, MUTT
AYUDA A TRANSPORTAR
LOS EQUIPOS DE
LOS SOLDADOS.

SAFFiR
UN ROBOT HUMANOIDE
QUE COMBATE INCENDIOS
EN BUQUES DE LA ARMADA

CAPÍTULO DOS

¿Qué características especiales necesitan los robots militares?

El robot Grizzly puede viajar a través de terrenos difíciles.

Depende de lo que hagan. CRACUNS fue construido para nunca oxidarse. Este robot se lanza desde el mar para espiar desde el aire. El robot Grizzly tiene orugas en sus ruedas. Transporta herramientas pesadas para los soldados por terrenos difíciles. El robot TALON tiene brazos para diferentes trabajos. También tiene **sensores** que funcionan en la oscuridad.

Los soldados pueden mantenerse a una distancia segura cuando el robot TALON revisa dispositivos que podrían explotar.

Los drones espías pequeños vuelan usando rotores, como un helicóptero.

¿Cómo se mueven?

Las orugas le permiten a este robot militar moverse con facilidad por el terreno.

Los drones espías grandes vuelan sin pilotos a bordo.

Los robots con orugas pueden desplazarse por terrenos irregulares. Los robots con patas son silenciosos y rápidos. Los robots espías voladores necesitan **rotores** o alas. Algunos robots pueden llevar a cabo misiones por sí solos. Son **autónomos**. Los soldados usan control remoto para otros robots.

Un perro robot puede caminar en cuatro patas.

¿Cómo saben qué hacer los robots militares?

¿SABÍAS?

BigDog tenía cuatro patas y era del tamaño de un labrador retriever. Podía caminar entre escombros, nieve y arena. Podía transportar paquetes pesados. ¡Era tan útil! Pero era demasiado ruidoso para usarlo.

Como todos los robots, tienen una computadora como cerebro. Está llena de **códigos** que le dicen qué hacer. Hacer un mapa de una zona de peligro. Encontrar un blanco. Guiar a las personas a un lugar seguro. Buscar entre escombros. Las personas programan a los robots para que hagan estos trabajos.

Dos marines buscan amenazas cercanas usando un robot con cámara.

CAPÍTULO TRES

¿Mejorarán los robots militares?

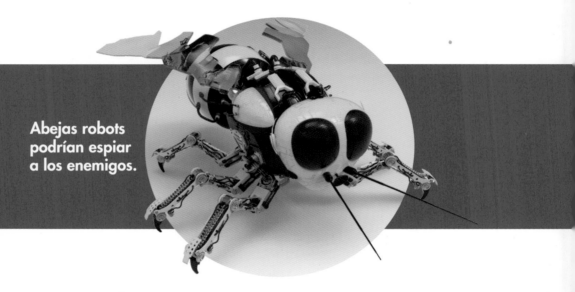

Abejas robots podrían espiar a los enemigos.

Los científicos están trabajando en ello. ¿Qué tal si pudieras ponerte un robot, como Iron Man? Un **exoesqueleto** te volvería ultra fuerte y rápido. ¿Quieres espiar mejor lo que dicen las personas? Se están desarrollando abejas robots. Algunos esperan que se desarrollen robots gigantes de combate. ¡Ya veremos!

El Guardian XO es un traje exoesqueleto que podría usarse en futuras operaciones militares.

¿Se volverán más inteligentes los robots?

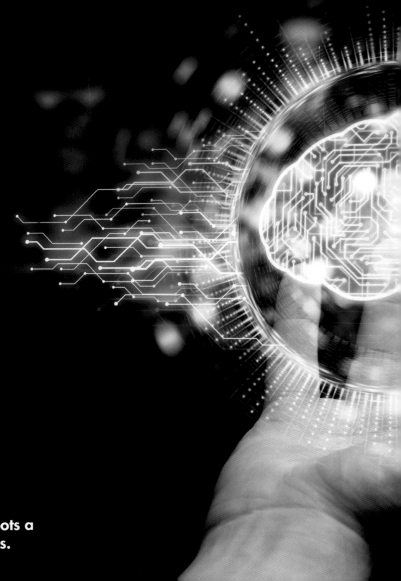

La inteligencia artificial podría ayudar a los robots a volverse más inteligentes.

Los científicos están trabajando en ello también.
IA significa **inteligencia artificial** (IA). Los cerebros
de los robots con IA aprenden solos. ¿Es seguro
aterrizar aquí? ¿Hay armas de fuego cerca?
¿Dónde debemos conducir nuestro tanque? La
IA ayudará a los robots a aprender estas cosas.

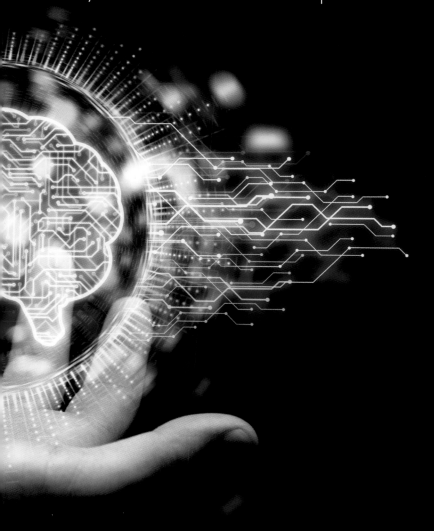

Los marines de EE. UU. usan blancos robóticos para entrenar.

¿Alguna vez tendremos soldados robots?

¿SABÍAS?
Los primeros robots militares eran tanques de 5 pies (1,5 m). Se usaban en la Segunda Guerra Mundial para encontrar minas.

Los soldados británicos capturaron estos tanques alemanes durante la Segunda Guerra Mundial.

Sí. Ya están aquí. Las fuerzas armadas están probando muchos ahora y pronto habrá más. Algunos ya entrenan a soldados humanos. Otros se están preparando para la guerra. No sienten dolor. No les importa si hace calor o frío. Son difíciles de derribar.

¿Por qué las fuerzas armadas quieren usar soldados robots?

Los soldados humanos pueden lastimarse o morir. Están más seguros si los robots combaten en lugar de ellos. Pero algunas personas creen que los soldados robots son una mala idea. Hacen preguntas como: ¿Queremos que los robots decidan quién es amigo o enemigo? ¿Qué piensas?

Los marines de EE. UU. están probando el robot "dragon fire" que puede trabajar día y noche. Usar robots para tareas peligrosas puede mantener a los soldados a salvo.

HAZ MÁS PREGUNTAS

¿Puedo construir mi propio robot espía?

¿Cómo funcionan los drones?

Prueba con una PREGUNTA GRANDE:
¿Les quitarán los robots muchos trabajos a las personas?

BUSCA LAS RESPUESTAS

Busca en el catálogo de la biblioteca o en Internet.
Pueden ayudarte tus padres, un bibliotecario o un maestro.

Usar palabras clave
Busca la lupa.

Las palabras clave son las palabras más importantes de tu pregunta.

?

Si quieres saber sobre:

- construir un robot espía, escribe: CONSTRUIR ROBOT ESPÍA NIÑOS

- volar drones, escribe: CÓMO VOLAR DRONES

GLOSARIO

autónomo Que actúa por sí solo sin ayuda.

civil Una persona que no es un soldado.

código Un conjunto de instrucciones que los humanos escriben en las computadoras.

dron Un robot volador que puede "ver" y tomar fotos.

exoesqueleto Un traje robótico que se usa afuera del cuerpo.

inteligencia artificial Una herramienta informática que les permite a los robots aprender por sí solos.

mina Una pieza de metal en tierra firme o en el océano que explota cuando la tocas o la pisas.

rotores Aspas giratorias como las de un helicóptero que hacen que una nave vuele.

sensor Algo que detecta la luz, el movimiento o el sonido y responde a este.

ÍNDICE

Acerca de la autora

Lela Nargi es periodista y autora de 25 libros de ciencia para niños. Desde hace mucho es fanática de la ciencia ficción y siempre se ha preguntado cómo sería tener un robot útil en casa. ¿Qué tarea es la que más le gustaría que hiciera el robot? Tender la cama, definitivamente. Por ahora, vive en la ciudad de Nueva York con un perro salchicha llamado Bigs, quien probablemente nunca se ha preguntado nada sobre los robots.